Le vélo

Texte de Stéphanie Ledu
Illustrations d'Alexandre Franc

Apprendre à faire du vélo, c'est une grande aventure. Les tout-petits commencent avec une **draisienne**, qui les aide à trouver leur **équilibre**.

Les enfants font ensuite du vélo à **roulettes**…
puis ils se lancent sans elles.

Encore pas très sûr de soi ? La canne est une bonne idée : papa ou maman peuvent la saisir et redresser le vélo avant la chute !

Pour devenir un vrai champion,
il faut un vélo à sa taille,
ni trop petit ni trop grand.

Le casque, les gants et les genouillères
protègent des chocs et des égratignures.

En prenant un peu de vitesse et en regardant devant soi, on risque moins de tomber… mais, boum, ça peut arriver ! Pour savoir tenir son équilibre, tourner et freiner en douceur, il faut un peu de temps.

Avant de rouler sur les routes, on s'entraîne au parc, sur les chemins de campagne ou sur de petits parcours.

Attention, les cyclistes !
Respectez les panneaux, roulez en file indienne, et tendez le bras pour signifier que vous allez tourner…

Ces vélos sont équipés d'un écarteur de danger : il permet d'être bien vu et de garder les voitures à bonne distance.

Regonfler les pneus, graisser la **chaîne**, resserrer les **freins** : un vélo, ça s'entretient ! Par sécurité, il est obligatoire d'avoir une **lumière** à l'avant et à l'arrière.

Cette petite trousse à outils est très utile en cas de crevaison. Après la balade, hop, un coup de jet, et le vélo retrouve ses belles couleurs !

Tu te souviens de la **draisienne** du parc ?
Inventée il y a 200 ans, c'est l'ancêtre de ton vélo.
On la faisait avancer en poussant avec les pieds.
Très lourde, elle n'avait pas de freins : gare à la descente !

À l'époque, les gens la trouvaient ridicule.
Pourtant, la draisienne permettait déjà d'aller
3 fois plus vite qu'en marchant.

Plus tard, la machine se perfectionne !
Au 19e siècle, on invente les **pédales**, les **freins**, la **chaîne**... et les **pneus**. Avant eux, les roues étaient juste cerclées de fer.

Des modèles étranges naissent, puis disparaissent. Le **grand-bi** ? Dangereux. Le **tricycle** ? Plus stable, mais trop encombrant.

Malgré tout, le **vélocipède**, ou vélo, a de plus en plus de succès. Un constructeur anglais lui donne un autre nom : la **bicyclette**. Ce mot est toujours employé, lui aussi !

Aujourd'hui, le vélo est le mode de transport le plus répandu au monde. 1,5 milliard de bicyclettes circulent sur Terre !

Champions : les Pays-Bas. Ici, il est facile de rouler. Le pays est plat, et il y a des **pistes cyclables** partout.

Conçu pour la ville, le **vélo hollandais** est très confortable. Et, sur la route, on croise aussi beaucoup de **vélos couchés** !

Pratique, le vélo coûte moins cher qu’une voiture ou un camion.

En Asie, il sert à transporter de lourdes charges ou des passagers. Oh hisse ! Imagine l'effort que fait ce conducteur de vélotaxi, ou rickshaw, pour promener les touristes !

Ici, les vélos durent très longtemps : on les répare avec ce qu'on a sous la main.

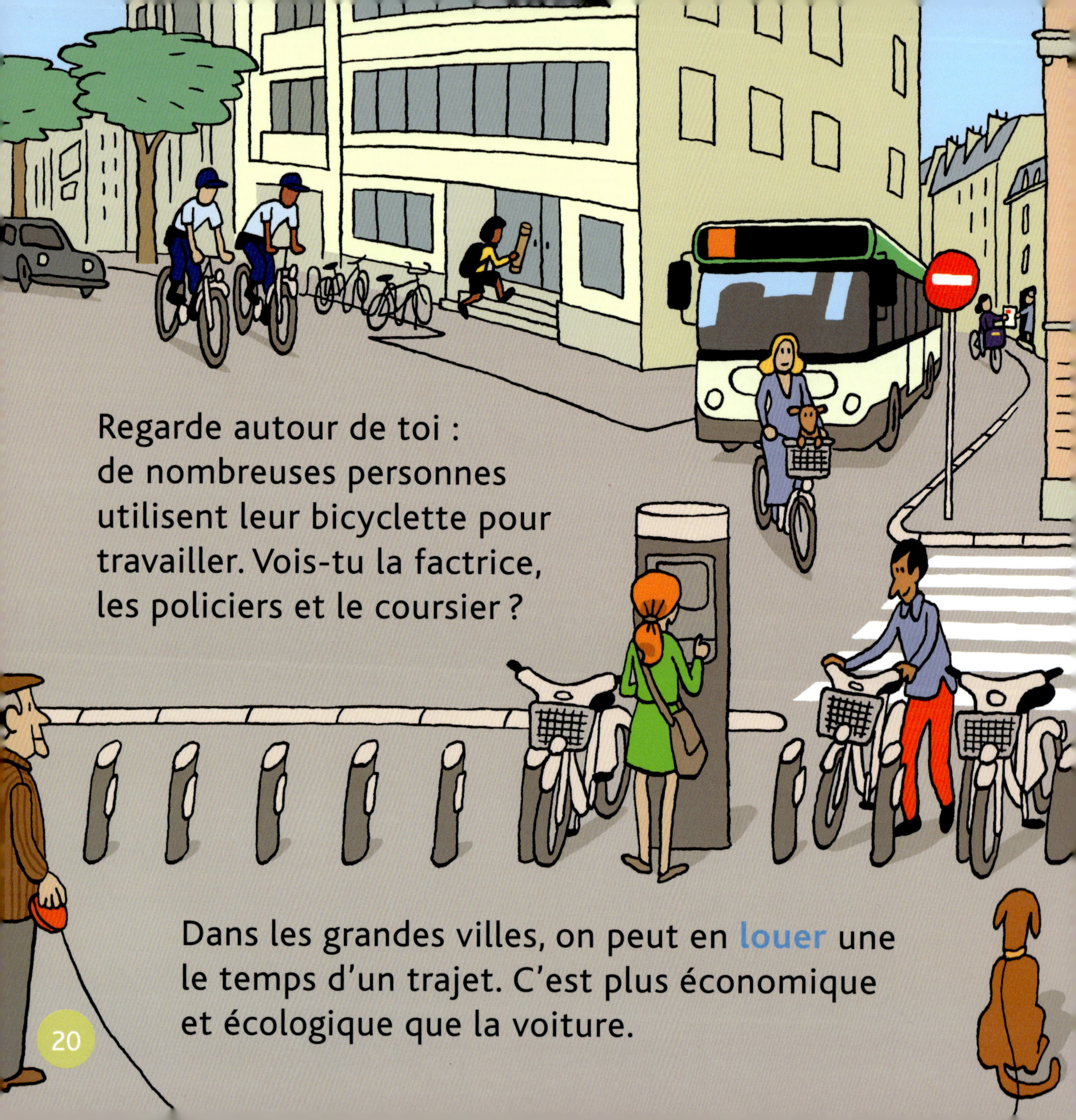

Regarde autour de toi :
de nombreuses personnes utilisent leur bicyclette pour travailler. Vois-tu la factrice, les policiers et le coursier ?

Dans les grandes villes, on peut en louer une le temps d'un trajet. C'est plus économique et écologique que la voiture.

Le **vélobus** est un ramassage scolaire très malin.

Le **vélo électrique** permet de faire moins d'efforts en pédalant. Ce monsieur fait de l'exercice, mais il n'arrivera pas tout transpirant au bureau !

Le cyclisme est aussi un sport qui fait travailler les muscles, le souffle, l'adresse... Il regroupe plusieurs disciplines.

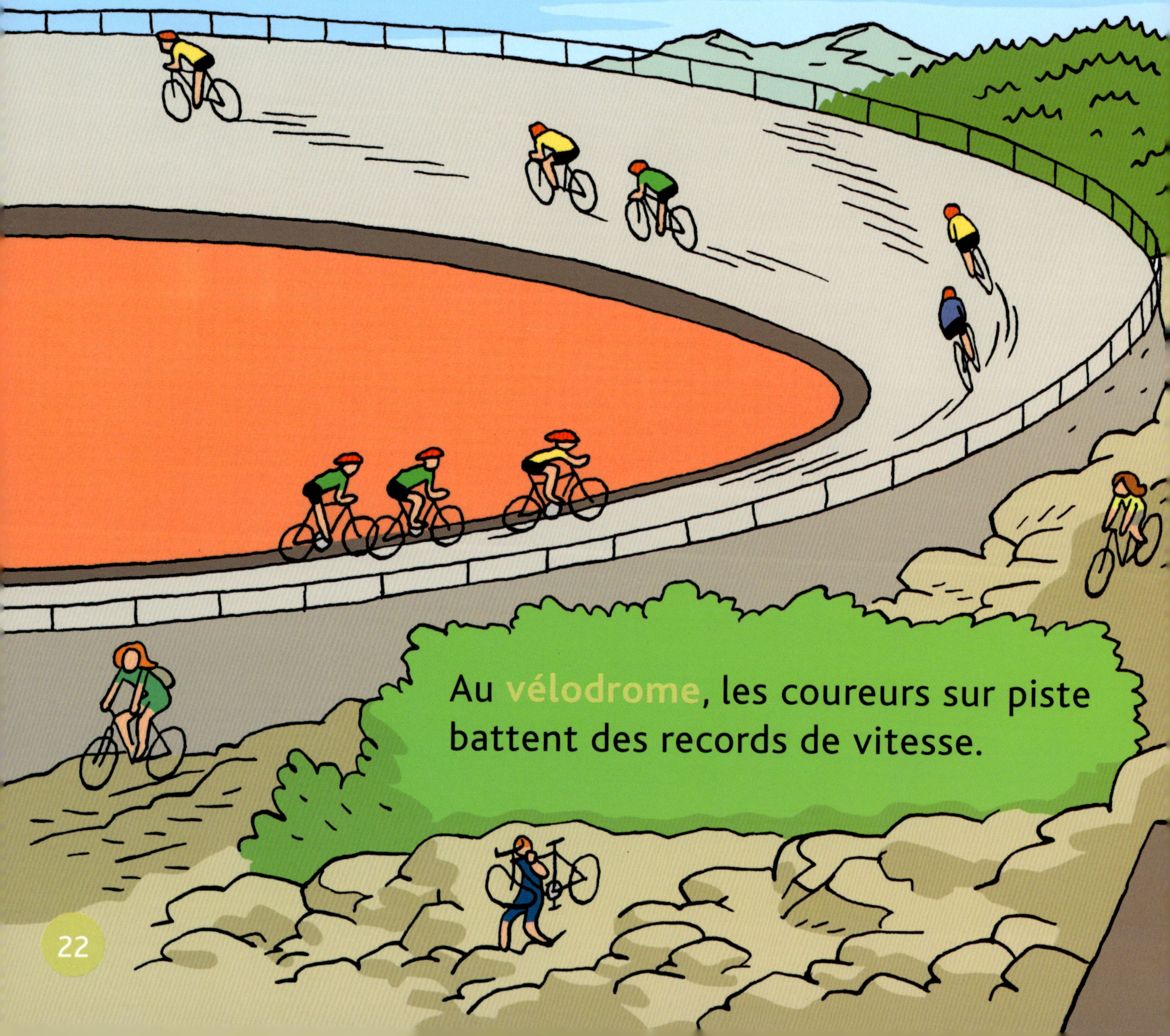

Au vélodrome, les coureurs sur piste battent des records de vitesse.

En VTT, on dévale des pentes raides ou on roule sur des pistes accidentées.

En BMX, on fait la course ou on réalise des figures sur un petit vélo. Bravo !

Mais voici la discipline la plus connue :
le cyclisme sur route.
Chaque année, les plus grands champions
s'affrontent lors de courses très célèbres.

Qui veut tenter **Paris-Roubaix** ?
Son trajet passe sur des routes pavées, très glissantes s'il pleut. Cette épreuve est surnommée « l'enfer du Nord » !

La course la plus connue au monde est le Tour de France. Une vingtaine d'équipes parcourent plus de 3 000 kilomètres en 21 étapes.

Des maillots distinguent les champions : blanc à pois rouges pour le meilleur grimpeur, vert pour le sprinteur le plus régulier, et jaune pour le premier du classement général.

Le Tour se termine à Paris, sur les Champs-Élysées.
Que de monde pour saluer le **vainqueur** !

Le vélo permet de se promener, de découvrir des paysages, de rencontrer des gens... Il rend plus libre.

Certains décident même de faire le **tour du monde** à bicyclette. Seul, en **tandem** ou en famille... bon voyage à tous !

Découvre tous les titres
de la collection

Mes P'tits DOCS

À table
Au bureau
Le bébé
Le bricolage
Les camions
Les dents
Les dinosaures

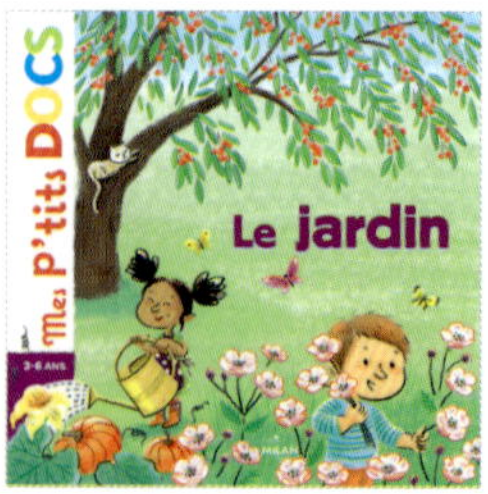

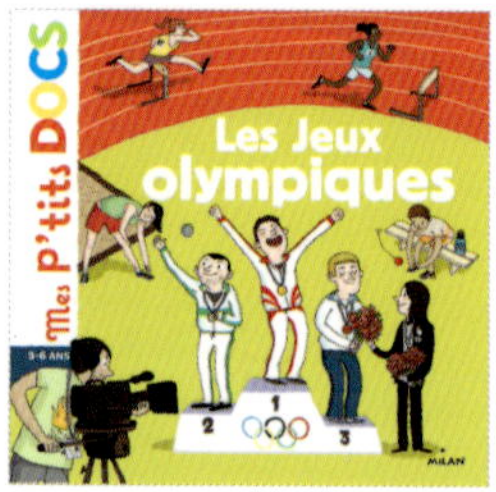

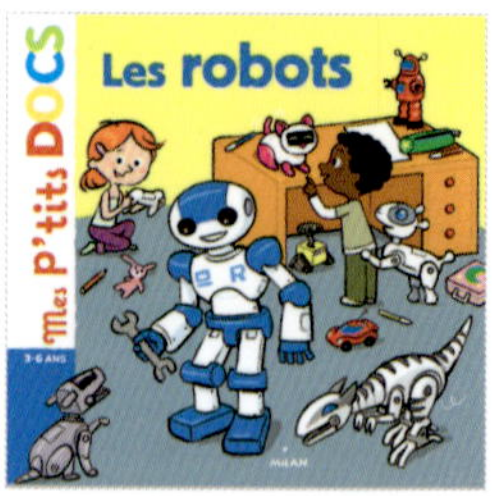

L'école maternelle
L'espace
La ferme
La fête foraine
Le football
Le handicap
L'hôpital